이 책의 특징

1 해금 연주를 위한 기초 이론부터 실전 연주까지 한 권에 담았습니다.

2 처음 배우는 분들도 쉽게 이해할 수 있게 해금의 활대 기호와 손가락 운지 번호를 악보에 제시하였습니다.

3 단계적 연습이 가능하도록 포지션별 기초 연습곡과 동요, 민요, 가요, O.S.T. 등 다양한 장르의 연주곡 및 이중주곡을 쉽게 편곡하여 수록하였습니다.

4 정간보를 모르더라도 연주할 수 있도록 오선보로 기보하였습니다.

5 악곡의 특징과 연주 시 주의할 점 등을 레슨 포인트로 제시하여 충분한 학습과 연주가 가능하도록 제시하였습니다.

차례

1부

해금 알아보기

2부

'티♭= 1지' 악곡 연주하기

연습곡 익히기

연주곡

해금 기초 교본

두근두근

해금

머리말

해금은 특유의 매력적인 음색과 독특한 표현력으로 국악을 넘어 대중들에게도 많은 관심과 사랑을 받고 있는 악기입니다. 국악에서는 주선율을 이끄는 핵심적인 역할을 맡아왔으며, 다양한 연주 형식에서 중심적인 자리를 차지해 왔습니다. 현대에 들어서는 창작 국악곡은 물론 광고 음악, 퓨전 음악, O.S.T. 등 다양한 분야로 그 쓰임새가 확대되며, 다양한 연령층에서 취미 악기나 창의적 체험활동, 방과 후 수업 등 교육 현장에서 적극적으로 활용되고 있습니다.

그럼에도 불구하고, 해금을 처음 배우고자 하는 초보 연주자를 위한 체계적인 교재는 많지 않은 것이 현실입니다. 이에, 이 교재는 초보자들이 흥미를 잃지 않고 실력을 키울 수 있는 발판을 마련하고자 출간되었습니다. 단계별 연습곡과 다양한 장르의 곡을 통해 학습자들이 자연스럽게 실력을 쌓아갈 수 있도록 구성하였으며, 교육 현장에서 실질적으로 활용할 수 있는 내용을 담았습니다.

이 교재는 해금을 전공한 3명의 국악 전문가들이 다년간의 경험을 바탕으로 집필하였습니다. 초보 학습자들에게는 해금을 접하는 첫걸음을, 일선 초, 중학교를 비롯한 교육 현장에서는 체계적인 학습 자료로서의 역할을 하길 기대합니다. 감사합니다.

저자 김영미, 박주만, 우미경

해금 알아보기

해금에 대해 알아볼까요?

1부에서는 해금의 역사, 구조, 바른 연주 자세를 살펴보고,

운지법, 활대법, 조율 방법을 구체적으로 알아봅니다.

또한, 초보자들이 꼭 알고 있어야 할

악기 보관 방법 및 송진 바르는 법을 알아 봅시다.

해금은 어떤 악기인가요?

　해금은 우리나라의 대표적인 찰현악기로, 활로 줄을 마찰하여 소리를 내는 악기입니다. 해금의 모양은 둥근 공명통에 기둥을 세우고, 그 기둥에 두 개의 줄을 연결한 형태를 가지고 있습니다. 그 줄 사이에 말총으로 만든 활대가 끼워져 있어 독특한 구조를 이룹니다. 이와 같은 찰현 악기는 예로부터 중국(얼후, 二胡), 일본(고꾸유, 胡弓), 태국(소두웅, saw duang), 몽골(마두금, 馬頭琴)을 비롯한 중앙아시아 전역에 널리 사용되어 왔습니다. 우리나라의 해금은 고려 예종 9년(1114년)에 유입되었다는 기록과『고려사』악지(樂誌)에 향악기로 소개된 내용을 통해, 6세기 이후 우리나라에 유입되어 향악화되었으며, 12세기에 활발히 사용되었음을 알 수 있습니다. 오늘날 해금은 정악, 민속악, 창작 음악 등 다양한 음악 장르에서 주선율을 이끄는 중심 악기로, 매력적인 음색의 특징을 살려 '약방의 감초'와 같은 역할을 하고 있습니다.

이 악기를 **해금** 이라고 합니다.

단원 김홍도(1745~?)〈무동(舞童)〉

해금의 구조

우리나라의 국악기를 만드는 재료를 일컬어 '팔음(八音)'이라고 하는데, 쇠, 돌, 줄, 대나무, 바가지, 흙, 가죽, 나무를 말합니다. 해금은 '팔음(八音)'을 모두 사용하여 제작된 유일한 국악기입니다.

주아(중현)

주아(유현)

산성

중현

입죽

유현

말총

활대

원산

복판

공명통

감자비

질문 있어요 "해금에서 팔음(八音)은 어디에 사용되었나요?"

쇠(금, 金)	감자비	바가지(포, 匏)	원산
돌(석, 石)	공명통 내부에 돌가루를 칠함	흙(토, 土)	악기 표면에 흙을 칠함
줄(사, 絲)	유현, 중현	가죽(혁, 革)	활대 손잡이
대나무(죽, 竹)	공명통, 입죽, 활대	나무(목, 木)	복판, 주아

해금 연주의 바른 자세

바닥에 앉은 자세

① 허리는 곧게 펴고 편안하게 앉은 뒤, 오른쪽 다리를 구부려 왼쪽 다리 위에 올립니다.

② 해금의 복판이 오른쪽을 향하도록 하고, 공명통을 오른쪽 발끝 위에 가볍게 올려놓습니다.

③ 악기와 몸을 평행이 되도록 유지하며, 왼손으로 입죽을 잡고 손가락으로 줄을 감싸 줍니다.

④ 오른손은 엄지와 검지로 활대를 잡고, 나머지 손가락으로 가죽 손잡이를 잡습니다.

의자에 앉은 자세

① 의자에 편안하게 앉아 허리를 곧게 펴되, 의자 등받이에 기대지 않는 것이 좋습니다.

② 해금의 공명통은 다리를 모은 중간에 두거나, 왼쪽 무릎과 허벅지 사이에 올려놓아도 됩니다.

③ 왼손은 앉아서 연주하는 기본 자세와 동일하게 입죽을 잡고, 손가락으로 줄을 감싸 줍니다.

④ 오른손은 엄지와 검지로 활대를 잡으며, 나머지 손가락으로 가죽 손잡이를 잡습니다.

해금의 운지법

해금은 왼손으로 줄을 눌러서 음높이를 조정합니다. 원산부터 왼손까지 줄의 길이가 음높이에 영향을 주며, 왼손 포지션에서 손가락의 위치가 아래로 내려갈수록 소리가 높아지고, 위로 올라갈수록 소리가 낮아집니다. 같은 포지션의 운지법이라도 줄을 세게 누르면 장력이 커져 높은 소리가 나고, 느슨하게 쥐면 낮은 소리가 납니다. 이와 관련된 연주 기법으로는 줄을 누르지 않고 가볍게 짚어서 소리 내는 '경안법(輕按法)'과 줄을 깊게 눌러 소리 내는 '역안법(力按法)'이 있습니다.

〈경안법 연주 모습〉

〈역안법 연주 모습〉

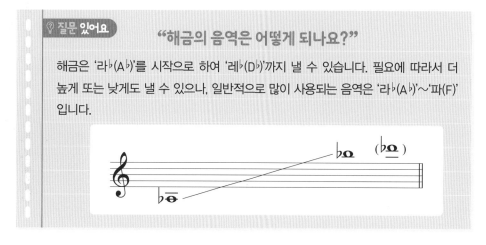

질문 있어요

"해금의 음역은 어떻게 되나요?"

해금은 '라♭(A♭)'를 시작으로 하여 '레♭(D♭)'까지 낼 수 있습니다. 필요에 따라서 더 높게 또는 낮게도 낼 수 있으나, 일반적으로 많이 사용되는 음역은 '라♭(A♭)'~'파(F)'입니다.

해금의 왼손 포지션은 검지부터 차례대로 1지음(검지), 2지음(중지), 3지음(약지), 4지음(소지)라고 부릅니다. 운지법은 악곡에 따라 다양한 포지션이 사용되지만, 본 교재에서는 가장 기본적으로 사용되는 3가지 운지법 즉, 'E♭= 1지', 'A♭= 1지', 'B♭= 1지' 운지를 중심으로 학습할 것입니다.

기본 운지법

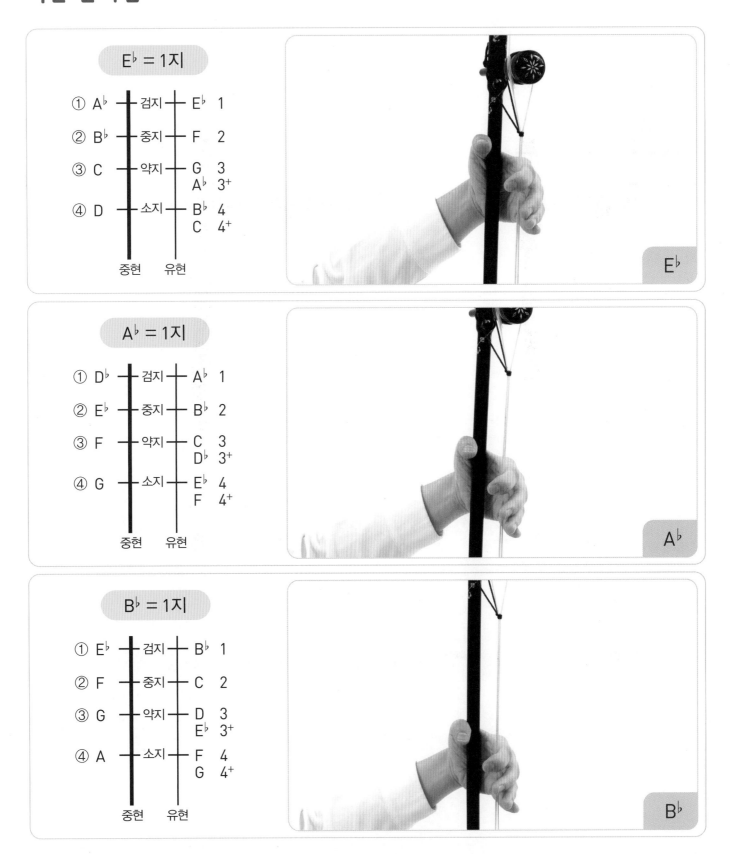

각 운지법에 따른 음높이

E♭ = 1지

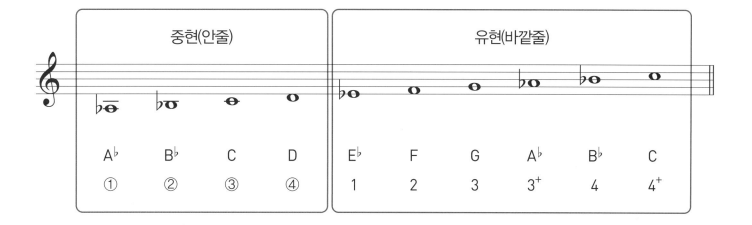

A♭ = 1지

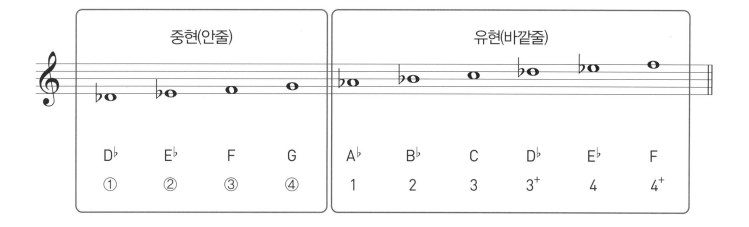

B♭ = 1지

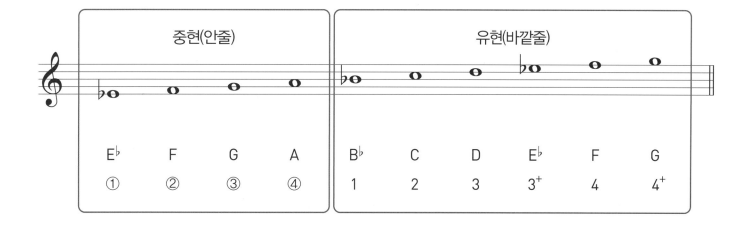

해금 연주를 위한 일러두기

구분	표시	뜻
활대	−	왼쪽에서 오른쪽으로 활대를 당긴다. (당기는 활)
	+	오른쪽에서 왼쪽으로 활대를 민다. (미는 활)
손가락 번호	1	유현 1지(검지)
	1+	유현 1지(검지) 힘주어 눌러 잡기
	2	유현 2지(중지)
	2+	유현 2지(중지) 힘주어 눌러 잡기
	3	유현 3지(약지)
	3+	유현 3지(약지) 힘주어 눌러 잡기
	4	유현 4지(소지)
	4+	유현 4지(소지) 힘주어 눌러 잡기
	4++	유현 4지(소지) 더욱 힘주어 눌러 잡기
	①	중현 1지(검지)
	①+	중현 1지(검지) 힘주어 눌러 잡기
	②	중현 2지(중지)
	②+	중현 2지(중지) 힘주어 눌러 잡기
	③	중현 3지(약지)
	③+	중현 3지(약지) 힘주어 눌러 잡기
	④	중현 4지(소지)
	④+	중현 4지(소지) 힘주어 눌러 잡기
	①↑	중현 1지(검지) 올려 잡기
운지법	E♭=1	유현의 1지를 E♭(미♭)으로 잡는 포지션
	A♭=1	유현의 1지를 A♭(라♭)으로 잡는 포지션
	B♭=1	유현의 1지를 B♭(시♭)으로 잡는 포지션

해금의 활 쓰는 방법

　해금의 활은 서양 악기인 바이올린이나 첼로의 활과 달리, 느슨한 말총이 악기의 두 줄 사이에 끼워진 형태입니다. 활대는 오른손 엄지와 검지로 잡고, 나머지 세 손가락은 가죽 손잡이를 잡아 당깁니다. 이때 검지는 활대의 밑부분을 받칩니다. 이러한 활의 진행 방향은 유현(바깥줄)을 소리 낼 때는 활을 바깥쪽으로 향하며, 중현(안줄)을 소리 낼 때는 활을 안쪽으로 약 15도 정도 기울여 소리를 냅니다.

　초보자는 중현(안줄)보다는 유현(바깥줄) 연주가 더 쉬우므로, 유현 소리내기 연습을 충분히 한 후 중현으로 진행하는 것이 좋습니다. 해금 연주에서 활을 통한 소리내기는 기본적이고 매우 중요한 부분이므로, 악곡을 연주하기 전에 소리내기 연습을 충분히 합니다.

유현활대	중현활대
	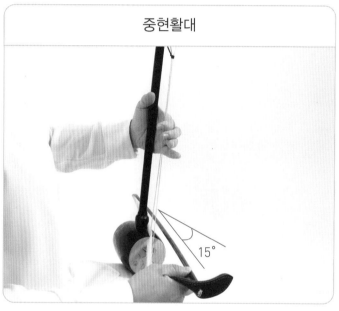
활대부분 1	활대부분 2
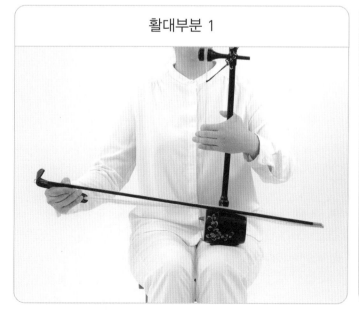	

활대를 사용할 때 오른쪽으로 움직이는 것을 '당긴다' 또는 '뺀다'라고 말하며, 왼쪽으로 움직이는 것을 '민다' 또는 '찌른다'라고 합니다. 서양 악기에서 활대법은 당기는 활을 '다운 보우(down-bow)'라고 하고, 밀어내는 활을 '업 보우(up-bow)'라고 합니다. 해금의 활대 움직임은 정악에서 사용하는 정간보와 오선보 표기법에서 다양하게 나타납니다. 일반적인 오선보에서는 다음과 같은 기호로 활대의 방향을 표기합니다.

활대손목	활대잡기

활대방향	표기 1	표기 2
당기는 활 (빼는 활)	−	⊓
미는 활 (찌르는 활)	+	∨

📍질문 **있어요**   "우리 교재에서의 활대 표기 방법은요~"

해금의 활대 표기는 〈표기 1〉 또는 〈표기 2〉 등으로 약속을 정하여 다양하게 사용할 수 있습니다. 우리 교재에서는 해금 연주곡에서 가장 많이 사용되는 〈표기 1〉인 '−', '+' 로 제시하였습니다. 악보에 제시된 음표와 활대 방향을 함께 보며 연습해 보세요.

해금의 조율 방법

　해금은 주아를 돌리는 방향에 따라 음의 높낮이가 정해집니다. 유현(바깥줄)과 중현(안줄)의 줄이 감겨있는 방향을 잘 확인한 후 조율을 시작합니다. 줄이 감길수록 음이 높아지고, 줄이 풀릴수록 음이 낮아집니다.

유현 주아 돌리는 방법

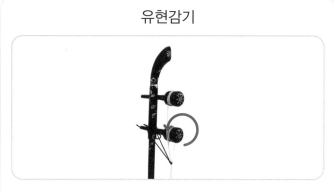

유현감기	유현풀기
유현 주아를 오른손으로 잡고 화살표 방향으로 돌리면 음이 높아집니다.	유현 주아를 오른손으로 잡고 화살표 방향으로 돌리면 음이 낮아집니다.

중현 주아 돌리는 방법

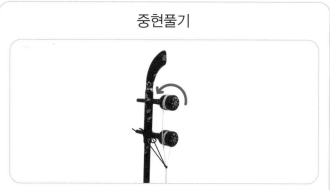

중현감기	중현풀기
중현 주아를 그림과 같은 방향으로 앞으로 돌리면 음이 높아집니다.	중현 주아를 그림과 같은 방향으로 안쪽으로 돌리면 음이 낮아집니다.

> ♀ 질문 **있어요**
>
> **"정확한 음으로 조율하고 싶어요."**
>
> 개방현으로 조율할 때 유현은 C(도)음, 중현은 F(파)음에 맞춥니다. 이때 기준이 되는 음은 유현이니, 유현을 정확하게 조율한 다음 중현을 조율하는 것이 좋습니다. 조율기가 없으면 조율을 할 수 있는 애플리케이션 앱을 사용하여 정확한 음으로 조율합니다.

해금의 관리 및 보관 방법

송진 바르는 방법

악기를 줄이 있는 복판이 내 몸을 향하도록 놓습니다.

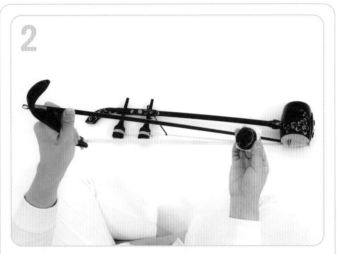

왼손은 활대를 잡고, 오른손은 송진을 잡습니다.

활대를 잡은 왼손을 당겨 말총을 팽팽하게 만듭니다.

말총에 송진을 위, 아래로 균일하게 잘 문질러 바릅니다.

💡질문 있어요

"송진은 언제 바르나요?"

연주 시 말총에 송진 가루가 없어서 마찰력이 떨어지면 이전과 달리 힘을 많이 주어야 소리가 납니다. 이때 송진을 바르면 마찰력이 좋아져 소리내기에 훨씬 수월해집니다. 처음 송진을 바르면 거친 소리가 날 수 있으나, 송진을 바른 후 몇 번 연주하면 다시 부드러운 소리가 나옵니다.

정리 및 보관방법

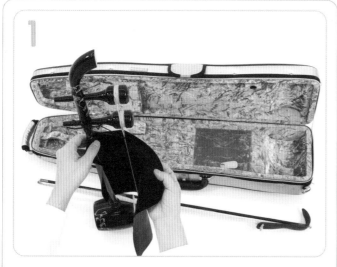

해금의 말총 부분에 송진이 묻지 않게 악기 수건으로 줄을 감싸줍니다.

활대를 악기 위에 올려놓고, 말총과 중현, 유현이 꼬이지 않게 주의합니다.

해금의 공명통이 바깥쪽에 오도록 그림과 같이 케이스에 넣습니다.

활대는 주아 위에 올려놓고, 지퍼와 안전장치를 잘 정리하고 케이스를 잠급니다.

⊙질문있어요

"효과적인 악기 보관을 위한 Tip은?"

해금은 나무로 만들어져 기온 변화에 민감하며, 특히 습도 관리에 유의해야 합니다. 목재 악기의 적정 보관 습도는 45~55% RH로 알려져 있습니다. 여름철에는 악기 제습제를 사용하여 높은 습도로부터 제습 보관을 해 주는 것이 좋고, 겨울철에는 건조함에 악기가 갈라지거나 뒤틀릴 수 있으니 적정 습도를 유지하는 것이 좋습니다. 장기간 보관할 경우 습도가 많은 베란다와 다용도실 같은 공간은 피해 주세요.

악기 케이스 관리 방법은?

악기 케이스가 비를 맞았거나 물을 흘렸을 경우, 완전히 건조한 후 사용해야 제습 보관이 가능합니다.

'$E\flat$ = 1지' 악곡 연주하기

2부에서는 해금의 운지법 중

⟨$E\flat$ = 1지 음계 포지션⟩을 익히고, 다양한 연주곡을 학습해 봅니다.

정확한 음정과 리듬으로 함께 연주해 봅시다.

'도♭ = 1지' 기초 연습곡

'E♭(미♭)' 포지션

- E♭음을 검지 1지로 하는 운지법입니다.
- 유현(바깥줄)의 1지는 E♭음, 중현(안줄)의 1지는 A♭음 입니다.
- 손가락 번호 옆 '+' 표시는 힘을 주어 눌러서 연주합니다.

연습 4

굿거리장단

연습 5

자진모리장단

연습 6

곰 세 마리

작자 미상

연주 듣기

난이도 ★☆☆☆☆

누구나 한 번쯤 불러본 경험이 있는 친숙한 동요입니다. 이 곡은 중현 낮은 음을 연습하기 위한 곡으로 중현 소리가 거칠지 않게 주의하며 연습해 봅니다. 특히, 유현 3$^+$지 음정이 낮거나 높지 않게 정확하게 연주합니다.

🦋 **보통 빠르게**

숨바꼭질

전래동요

연주 듣기

난이도 ★☆☆☆☆

숨바꼭질 놀이를 하며 부르는 전래동요입니다. E♭음을 유현 1지로 하는 포지션의 음계를 이해하고 정확한 음정으로 악곡을 연주합니다. 특히 유현 3⁺지, 중현 ③지 음정이 낮지 않게 주의합니다.

🦋 보통 빠르게

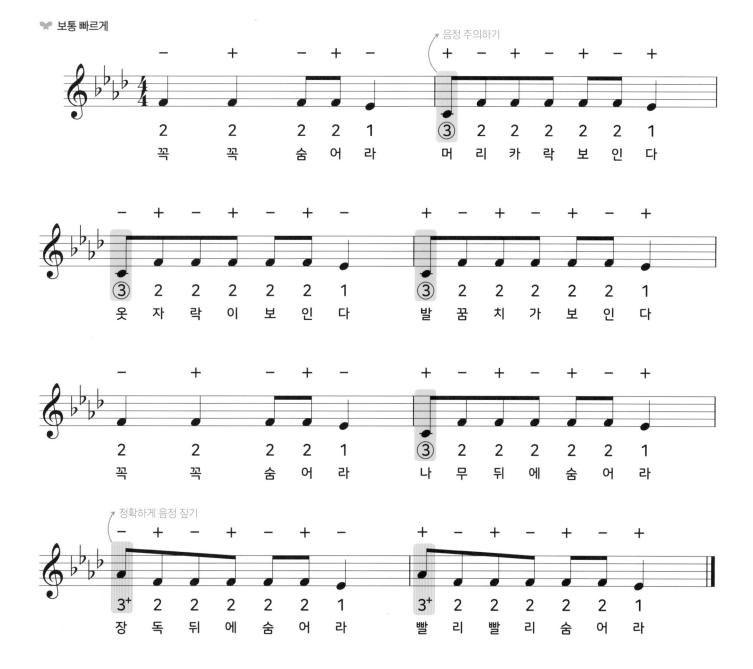

새야 새야

전래동요

난이도 ★☆☆☆☆

동학농민운동의 지도자 전봉준 선생을 기리며 불렀던 전래동요입니다. 유현 4지 음정을 정확하게 연주하고, 전체 가락을 노래하듯이 부드럽고 곱게 연주합니다.

🕊 조금 느리게

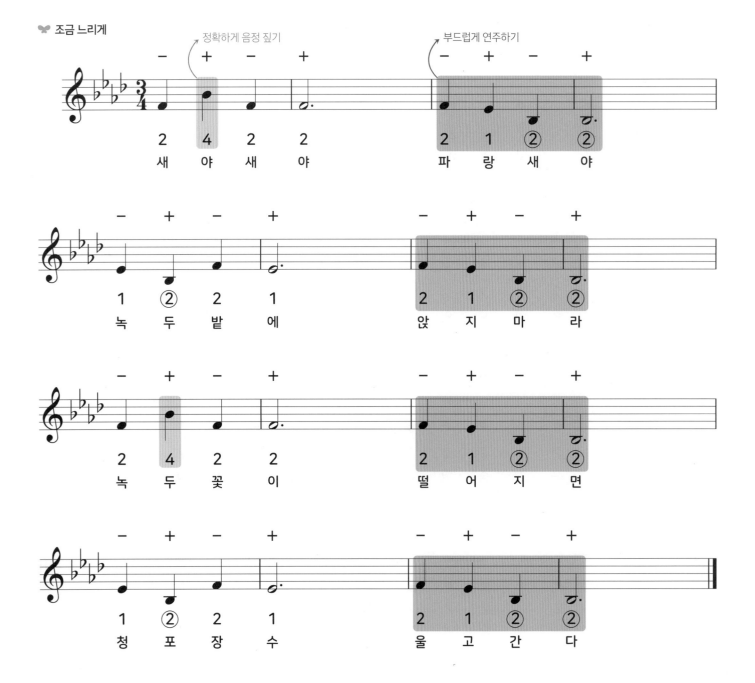

정확하게 음정 짚기

부드럽게 연주하기

2 4 2 2   2 1 ② ②
새 야 새 야   파 랑 새 야

1 ② 2 1   2 1 ② ②
녹 두 밭 에   앉 지 마 라

2 4 2 2   2 1 ② ②
녹 두 꽃 이   떨 어 지 면

1 ② 2 1   2 1 ② ②
청 포 장 수   울 고 간 다

거미

윤석중 작사 · 외국 곡

난이도 ★★★★★

거미가 줄을 타고 올라가는 모습을 재미있는 가사로 표현한 노래입니다. 이 곡에는 한 활대로 2개의 음을 연결하는 연습을 합니다. 특히 당기는 활대(−)와 미는 활대(+)의 방향을 정확하게 확인하며 연주합니다.

🦋 보통 빠르게

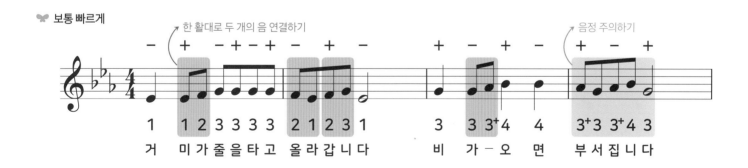

한 활대로 두 개의 음 연결하기 · 음정 주의하기

−	+	−	+	−	+	−	+	−	+	−	+	−	+	−	+
1	1 2 3 3 3 3	2 1 2 3 1	3	3 3⁺4	4	3⁺3 3⁺4 3
거	미 가 줄 을 타 고	올 라 갑 니 다	비	가 − 오	면	부 서 집 니 다

−	+	−	+	−	+	−	+	−	+	−	+	−	+
1	1 2 3	3	2 1 2 3 1	1	1 2 3 3 3 3	2 1 2 3 1
해	님 이 다	시	솟 아 오 르 면	거	미 가 줄 을 타 고	올 라 갑 니 다

2부 '타♭ = 1지' 악곡 연주하기 27

모두 다 꽃이야

류형선 작사·작곡

연주 듣기

난이도 ★★☆☆☆

밝고 따뜻한 멜로디가 돋보이는 창작 국악 동요입니다. 중중모리장단 빠르기에 맞추어 활대를 부드럽게 연결하며 연습해 봅니다. 유현 4⁺지 음정과 중현 ②지 음정을 정확하게 연주합니다.

🍃 중중모리장단

3 3 ② ② ② 1 1 1   3 3 ② ② ② 1 1 1
산 에 피 어 도 꽃 이 고   들 에 피 어 도 꽃 이 고

정확하게 음정 짚기

3 3 3 4 4 4 4⁺ 4⁺ 4   1 1 3 2 1 1 —
길 가 에 피 어 도 꽃 이 고   모 두 다 꽃 이 야 —

3 3 ② ② 1 1 1   3 3 ② ② 1 1 1
아 무 데 나 피 어 도   생 긴 대 로 피 어 도

3 3 4 4 4⁺ 4⁺ 4   1 1 3 2 1 1 —
이 름 없 이 피 어 도   모 두 다 꽃 이 야 —

뻐꾸기

윤석중 작사 · J. E. Jonasson 작곡

난이도 ★★ ★ ★ ★

숲속 뻐꾸기가 노래하는 모습을 왈츠 리듬의 다정한 느낌으로 표현한 연주곡입니다. 이 곡에서는 3박자 리듬과 셈여림에 유의하고, 특히 쉼표가 나오는 부분을 주의하며 유현 3⁺지 음정을 정확하게 소리 내어 연주합니다.

자장가

전래동요

> **난이도** ★★ ★★★
>
> 아기를 재울 때 불렀던 우리나라의 전래동요입니다. 장단의 빠르기에 맞추어 편안하게 연주하고, 1박(♩.)
> 에 해당하는 '♩♪'와 '♪♩' 리듬의 차이를 이해합니다. 또한 한 활대로 2개의 음을 연주할 때에는 부드럽
> 게 연주합니다.

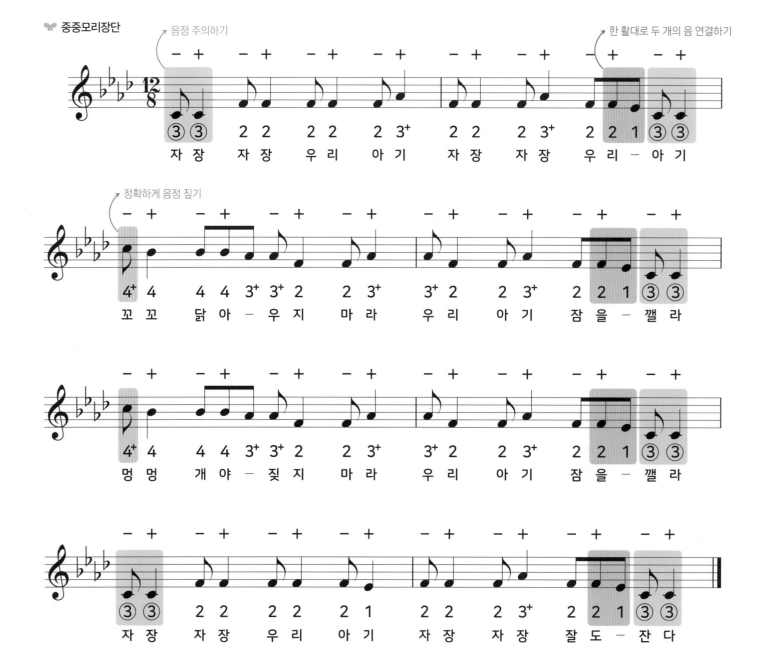

환희의 송가

박주만 작사 · L. v. Beethoven 작곡

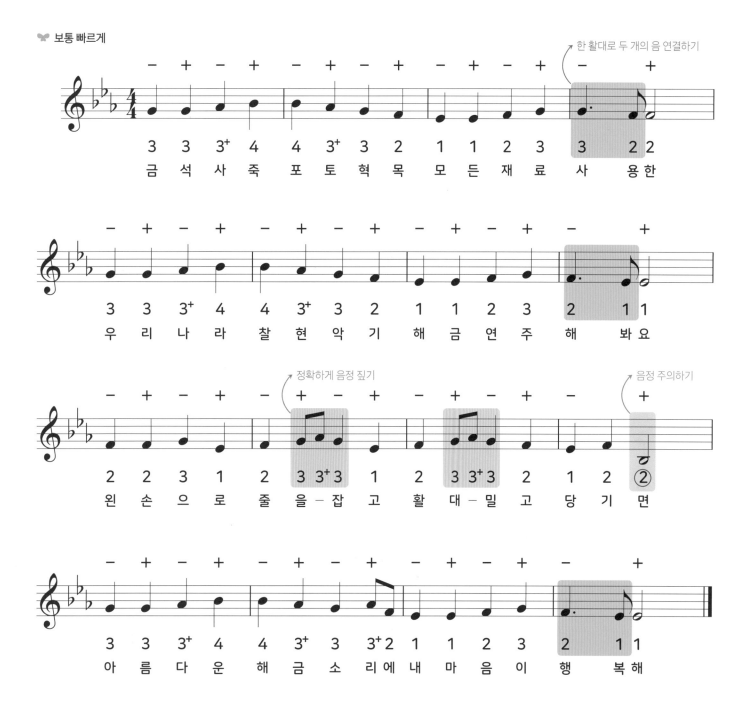

난이도 ★★★☆☆

베토벤 교향곡 제9번 '합창: 환희의 송가'의 가락에 해금 악기에 관한 내용을 주제로 재미있는 노랫말을 붙여 보았습니다. 유현 3⁺지 음정에 유의하며, '♩♪' 리듬을 한 활대로 부드럽게 연결하며 연주합니다.

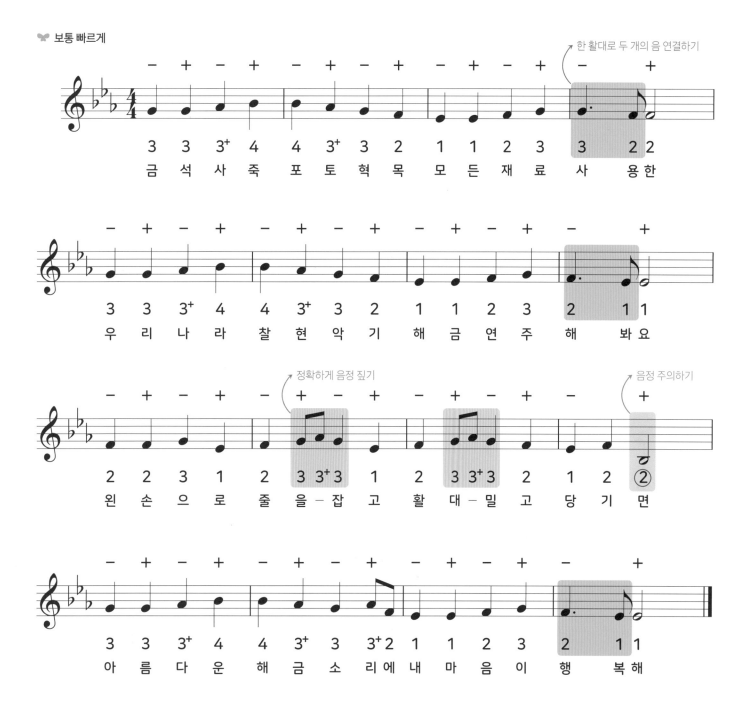

홀로 아리랑

한돌 작사·작곡

연주 듣기

🦋 조금 느리게

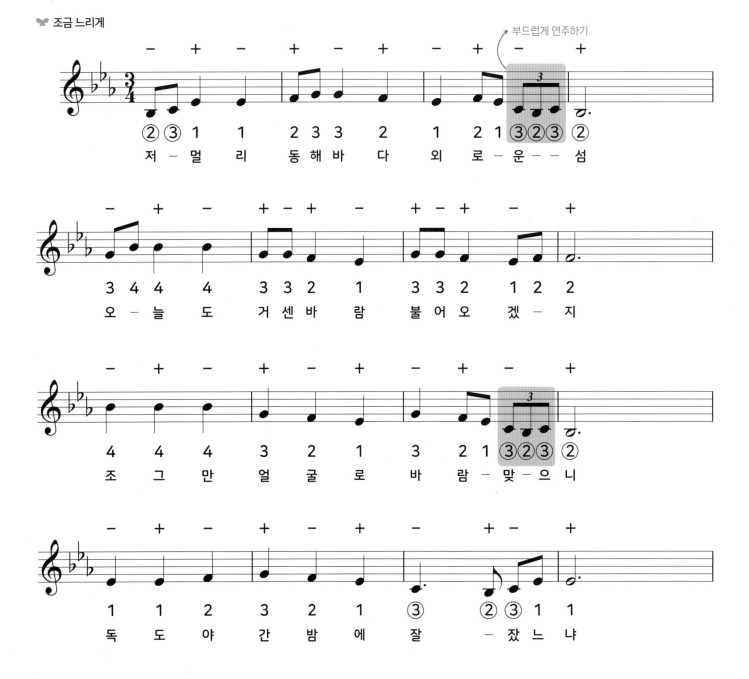

부드럽게 연주하기

저 — 멀 리　동 해 바 다　외 로 — 운 — — 섬

오 — 늘 도　거 센 바 람　불 어 오　겠 — 지

조 그 만　얼 굴 로　바 람 — 맞 — 으 니

독 도 야　간 밤 에　잘 — — 잤 느 냐

소중한 우리 땅 독도를 소재로 작곡된 노래입니다. 전체적으로 가락을 부드럽게 연주하는 연습을 하고, 특히 셋잇단음표(♪♪♪)가 나오는 부분은 더욱더 부드럽게 연주합니다.

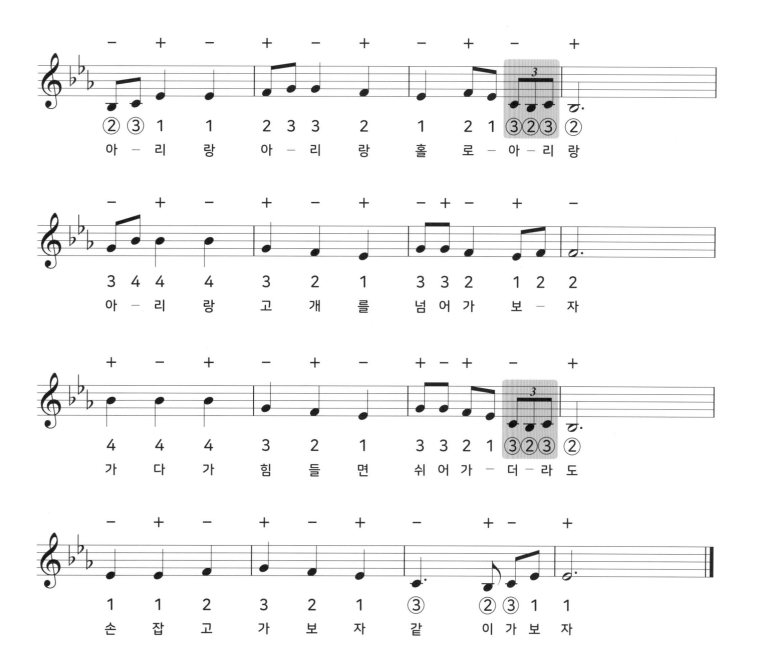

풍선

이두헌 작사 · 김성호 작곡

🦋 보통 빠르게

| 4 | 3⁺3 2 | 1 − | | 4 | 3⁺3 2 | 3 − |
지 나가버 린 − 어 린시절 엔 −
노 란풍선 이 − 하 늘을날 면 −

| 4 | 3⁺3 2 | 1 − | 1 2 3 1 | 3⁺ 3 2 1 | 4⁺ | 3 4 | *Fine*
풍 선을타 고 − 날아가는 예 쁜 꿈 도 꾸 었 지
내 마음에 도 − 아름다운 기 억 들 이 생 각 나

| 3 | 3 2 1 1 − | 4 | 3 3 3 3 3 4 − | 3 |
내 어 릴적꿈 − 은 노 란풍선을타 − 고
그 조 그만꿈 − 을 잊 어버리고산 − 건

1980년대에 발표된 가수 '다섯 손가락'의 원곡을 2006년에 '동방신기'가 리메이크하여 발표한 곡입니다. 이 곡에서는 바깥줄 유현의 음계와 높은 음정을 집중적으로 연습할 수 있습니다. 곡의 분위기에 맞춰 리듬을 살리고, 유현 3⁺지, 4⁺지 음정을 정확하게 소리 내어 연주합니다.

엿장수

박주만 작사 · 작곡

연주 듣기

난이도 ★★★★☆

시골 장터 엿장수의 모습을 재미있게 표현한 자진모리장단의 창작 국악 동요입니다. 유현 4지와 4^+지의 음정 차이를 이해하고 정확하게 소리 냅니다. 또한, 한 활대로 3개(♪♪♪)의 음을 내는 가락을 부드럽게 연결하며 연주합니다.

🦋 **자진모리장단**

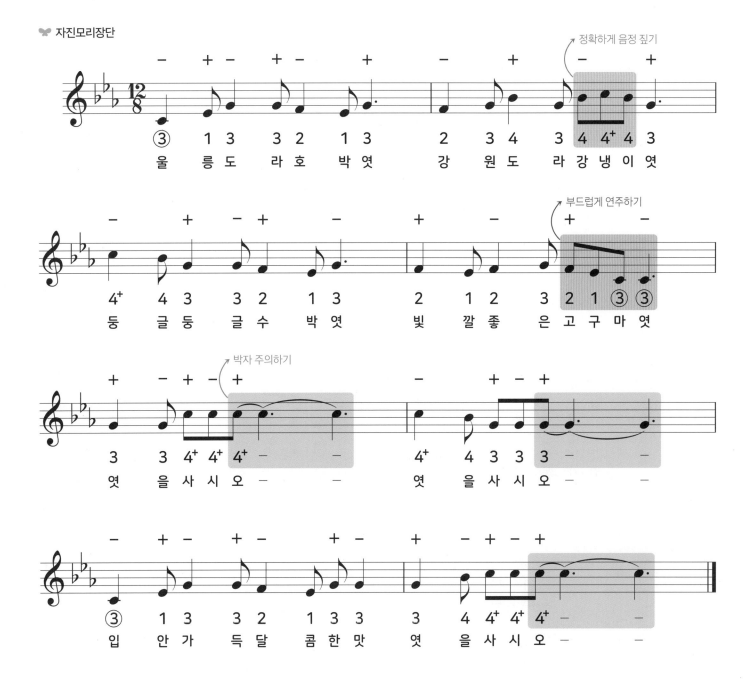

'$A\flat = 1$지' 악곡 연주하기

3부에서는 해금의 운지법 중

〈$A\flat = 1$지 음계 포지션〉을 익히고, 다양한 연주곡을 학습해 봅니다.

정확한 음정과 리듬으로 함께 연주해 봅시다.

'A♭ = 1지' 기초 연습곡

'A♭(라♭)' 포지션

- A♭음을 검지 1지로 하는 운지법입니다.
- 유현(바깥줄)의 1지는 A♭음, 중현(안줄)의 1지는 D♭음 입니다.
- 손가락 번호 옆 '+' 표시는 힘을 주어 눌러서 연주합니다.

연습 4

연습 5

연습 6

작은 별

윤석중 작사 · W. A. Mozart 작곡

연주 듣기

난이도 ★☆☆☆☆

모차르트가 작곡한 전 세계 애창 동요 '작은 별'입니다. 이 곡에서는 힘주어 눌러 내는 3⁺지, 4⁺지 음정에 유의하여 연주합니다. 즐겁게 노래도 함께 불러 보세요.

🦋 보통 빠르게

한 번에 음정 짚기

제주매미

전래동요

연주 듣기

난이도 ★☆☆☆☆

제주에 전해지는 전래동요로, 제주도 방언으로 '주월'은 파리매(곤충)이며, '재열'은 매미를 뜻합니다. A♭음을 유현 1지로 하는 포지션의 음계를 이해하고, 정확한 음정으로 악곡을 연주합니다. 또한, 8분음표 리듬이 빨라지지 않게 주의합니다.

🦋 보통 빠르게

음정 주의하기

정확하게 음정 짚기

③ 2 2 2 2 2 1 1 2 2 3⁺ 3⁺ 2 1
주 월 재 열 내 려 오 라 개 똥 범 벅 주 마

③ 2 2 2 2 2 1 1 2 2 3⁺ 3⁺ 2 1
주 월 재 열 내 려 오 라 소 똥 범 벅 주 마

2 2 2 2 1 1 2 3⁺ 2 2 1 1
박 박 긁 어 먹 고 짝 짝 올 라 가 라

3부 'A♭ = 1지' 악곡 연주하기 **41**

고향의 봄

이원수 작사 · 홍난파 작곡

연주 듣기

난이도 ★★☆☆☆

1927년~1929년 일제강점기 때 만들어진 전 국민의 사랑을 받은 동요입니다. 8분음표 활 연결 시 부드럽게 연결하며, 중현 ③지, ③⁺지 음정을 정확하게 구분하여 연주합니다. 특히, 유현 3지와 4지를 눌러서 소리 내는 3⁺지와 4⁺지 음정에 유의하며 연습합니다.

Tip 'A♭ = 1지' 중현 ③⁺

'A♭ = 1지' 포지션의 중현 ③⁺지는 'G♭(솔♭)'입니다. 중현 3지를 힘주어 눌러 잡아 연주해 보세요.

🦋 보통 빠르게

부드럽게 연주하기 · 음정 주의하기

1　1　③③⁺1　2　2　1　　1　3⁺　4⁺　4　3⁺　4
나　의　살－던　고　향　은　　꽃　피　는　산－골

4⁺　4⁺　4　4　3⁺　4　3⁺2　　1　1　1　③②　①
복　숭　아　꽃　살　구－꽃　　아　기　진　달－래

②　②　③　①　②　③　1　2　3⁺　4⁺　4　3⁺　4
울　긋　불　긋　꽃　대　궐　차　린　－　동－네

4⁺　4⁺　4　4　3⁺　4　3⁺2　2　1　1　1　③②　①
그　속　에　서　놀　던－때　가　그　립　습　니－다

달맞이

윤석중 작사 · 홍난파 작곡

연주 듣기

> **난이도** ★★★★★
>
> 이 곡은 윤석중의 시에 홍난파 선생이 곡을 붙인 노래입니다. 유현 3⁺지 음정을 정확하게 눌러서 연주하고, 한 활대로 유현과 중현을 연결하는 가락은 부드럽게 연주합니다.

🦋 보통 빠르게

독도는 우리 땅

연주 듣기

박문영 작사·작곡

난이도 ★★★★★

1982년 독도를 소재로 발표된 노래입니다. 반복되는 리듬과 가락이 특징적인 곡으로 활대를 짧게 사용하며 연주하는 것이 중요합니다. 스타카토의 느낌이 나게 음을 강조하며 끊어서 표현합니다. 특히, 유현 4$^+$ 지 음정에 유의하여 연주합니다.

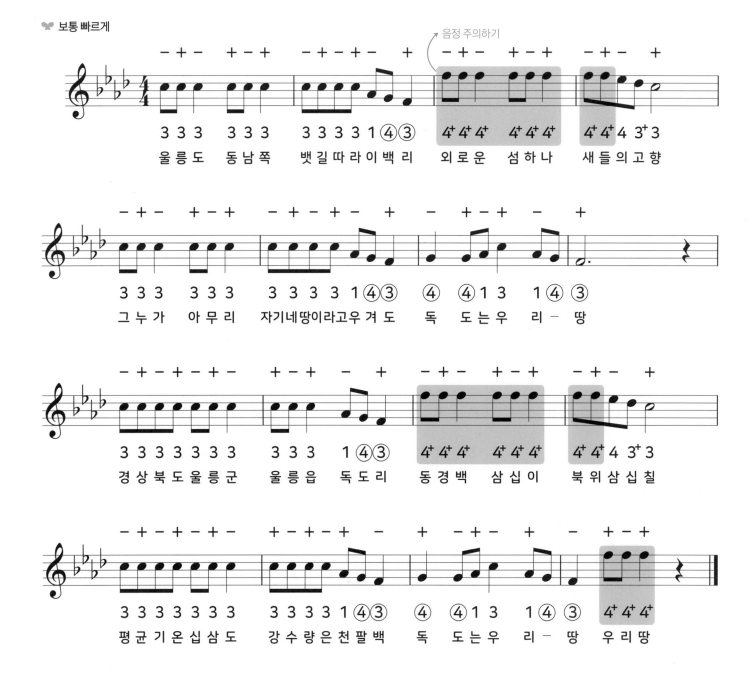

메주가 주렁주렁

한은선 작사·류정식 작곡

연주 듣기

난이도 ★★★★★

자진모리장단의 재미있는 노랫말이 특징인 창작 국악 동요입니다. 리듬을 충분히 살리며 가볍게 연주하며, 첫째 단 '♪.♪.'이 나오는 부분은 원하는 소리로 자유롭게 악기 또는 노래로 표현해 봅니다.

🦋 자진모리장단

서른 즈음에

강승원 작사·작곡

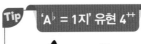 연주 듣기

Tip 'A♭ = 1지' 유현 4⁺⁺

'A♭ = 1지' 포지션의 유현 4⁺⁺지는 'G(솔)'입니다. 유현 4지를 더욱 힘주어 눌러 잡아 연주해 보세요.

🦋 조금 느리게

② 3 3 3 2 1 ② ③　③ 3⁺ 3⁺ 3⁺3 2 ③ 1　2
또 하 루 멀 어 져 간 다　내 뿜 은 담 배 연 기 처　럼

1 1 1 1 ④ 3 ④② ③　③ 1 3⁺ 3 3 1 1 ③ 2　②
작 기 만 한 내 기 억 속 에　무 얼 채 워 살 고 있 는 지　점

3 3 3 2 1 ② ③　③ 3⁺ 3 3⁺ 4 3⁺ 2 ③　1 ④ 1　2
점 더 멀 어 져 간 다　머 물 러 있 는 청 춘 인 줄　알 았 는 데

1 1 1 1 ④ 3 ④② ③　③ ③ 1 3⁺ 3 2 2 1 ④ 1　1
비 어 가 는 내 가 슴 속 엔　더 아 무 것 도 찾 을 수 없 네　계

난이도 ★★★ ☆☆

가수 김광석이 1994년도에 발매한 정규앨범 4집 수록곡입니다. 영화 '클래식'의 O.S.T.로 사용되며 다시 한번 주목받게 되었고, 지금까지도 많은 대중들의 사랑을 받는 곡입니다. 중현 ③지, ④지 음정이 불안하기 쉬우므로, 연습을 충분히 한 후 정확한 음정과 리듬으로 연주합니다.

개구리 소리

이오덕 작사 · 김영동 작곡

연주 듣기

난이도 ★★★☆☆

개구리의 모습을 표현한 굿거리장단의 창작 국악 동요입니다. 이 곡에서는 점음표 리듬을 충분히 살려 굿거리장단의 느낌을 표현합니다. 또한, 짧은 리듬이 나오는 부분에서는 활대를 짧게 쓰며 연주합니다.

🦋 굿거리장단

애국가

작사 미상·안익태 작곡

연주 듣기

난이도 ★★★★☆

대한민국의 자랑스러운 애국가입니다. 노래의 분위기에 맞게 차분하고 힘 있게 연습합니다. 특히, 중현 ①
지 음정을 올려잡는 'C음'의 연주법을 충분히 연습하고, 중현 ④지 음정을 정확하게 연주합니다.

Tip   **'A♭ = 1지' 중현 ①↑**

'A♭ = 1지' 포지션의 중현 ①↑ 지는 'C(도)'입니다. 중현 1지를 올려 잡아 연주
해 보세요.

🎵 보통 빠르게

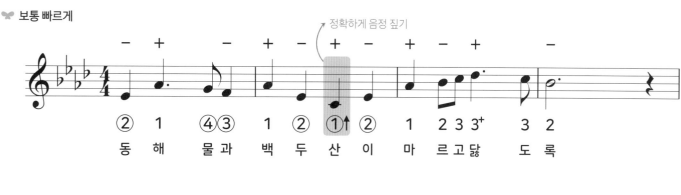

② 1 ④③ 1 ② ①↑ ② 1 2 3 3⁺ 3 2
동 해 물 과 백 두 산 이 마 르 고닳 도 록

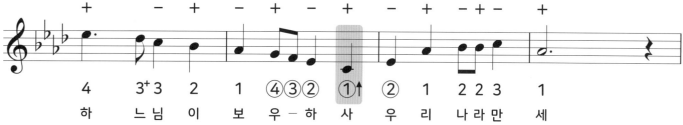

4 3⁺3 2 1 ④③② ①↑ ② 1 2 2 3 1
하 느 님 이 보 우 — 하 사 우 리 나 라 만 세

④ 1 2 ④ 3 3⁺4 3 2 1 ④ 1 2
무 — 궁 화 삼 — 천 리 화 려 강 — 산

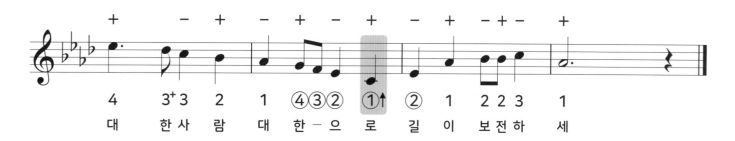

4 3⁺3 2 1 ④③② ①↑ ② 1 2 2 3 1
대 한사 람 대 한 — 으 로 길 이 보 전 하 세

도라지타령

경기민요

난이도 ★★★★☆

세마치장단 빠르기에 맞추어 정확한 음정으로 연주합니다. 특히, '♩♪'와 '♪♩' 리듬에 유의하며, 틀리게 연주하기 쉬운 세 번째 단 가락을 반복하며 연습합니다.

🕊 세마치장단

아리랑

경기민요

난이도 ★★★★☆

경기지역의 음악적 특징을 가진 대표적인 경기민요입니다. 세마치장단의 주요 리듬꼴을 익히고, 가락을
흥겹게 연주해 봅니다. 특히, 첫 소절에 붙임줄이 나오는 부분은 활 방향을 주의해 부드럽게 연주합니다.

천안 삼거리

경기민요

난이도 ★★★★☆

충청도 지방에서 전해지는 민요로 음악적 특징은 경기민요에 속합니다. 굿거리장단의 리듬을 살려 흥겹게
연주합니다. 특히, '♩♪♪'와 '♪♪♪♪' 리듬을 살려 연주하면 더욱더 흥이 납니다.

🦋 굿거리장단

음정 주의하기

1 1 3 2 1③ 2　　3 2 3　1 1 3 2　1③①↑③　1③
천 안 - 삼 거 리 흥 　 - - - - 능 수 야 버 들 은 - 흥 - -

3 3 3 3 24 3　　3 2 3　1 1 3 2　1③①↑③　1③
제 멋 에 겨 - 워 서 　 - - - - 휘 늘 어 졌 구 나 - 흥 - -

2 21③ 2 21③ 2　　3 2 3　1 1 3 2　1③①↑③　1③
에 루-화 에 루-화 흥 　 - - - - 성 화 가 났 구 나 - 흥 - -

‘B♭ = 1지’ 악곡 연주하기

4부에서는 해금의 운지법 중

〈B♭ = 1지 음계 포지션〉을 익히고, 다양한 연주곡을 학습해 봅니다.

정확한 음정과 리듬으로 함께 연주해 봅시다.

'B♭ = 1지' 기초 연습곡

'B♭(시♭)' 포지션

- B♭음을 검지 1지로 하는 운지법입니다.
- 유현(바깥줄)의 1지는 B♭음, 중현(안줄)의 1지는 E♭음 입니다.
- 손가락 번호 옆 '+' 표시는 힘을 주어 눌러서 연주합니다.

연습 4

굿거리장단
연습 5

자진모리장단
연습 6

가을바람

김규환 작사 · 작곡

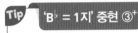

난이도 ★★★★★

가을을 소재로 창작된 동요입니다. 가락의 특징을 이해하고 밝은 느낌으로 연주합니다. 특히, 중현을 위한 연습곡으로 음정을 정확하게 연주합니다.

Tip 'B♭ = 1지' 중현 ③⁺

'B♭ = 1지' 포지션의 중현 ③⁺지는 'A♭(라♭)' 입니다. 중현 3지를 힘주어 눌러 잡아 연주해 보세요.

🦋 보통 빠르게

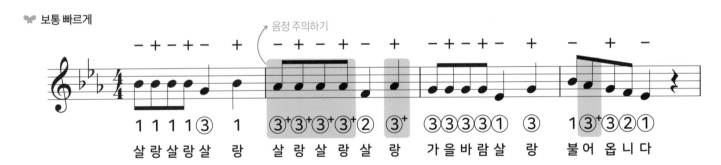

꽃밭에서

어효선 작사 · 권길상 작곡

연주 듣기

난이도 ★★ ★★★

1953년에 발표된 서정적인 동요입니다. 그리움을 호소하는 애절한 느낌을 살려 가락을 부드럽게 연주합니다. 유현 3⁺지 음정에 유의하며, 한 활대로 3개의 음을 연결하여 표현하는 가락에 주의하여 연주합니다.

🎵 보통 빠르게

나물 노래

전래동요

연주 듣기

난이도 ★★☆☆☆

우리나라의 여러 가지 나물과 나무를 소재로 한 자진모리 장단의 전래동요입니다. B♭음을 유현 1지로 하는 포지션의 음계를 이해하고, 유현 3⁺지, 중현 ③지 음정을 주의하며 연주합니다.

🦋 자진모리장단

섬집 아기

한인현 작사 · 이흥렬 작곡

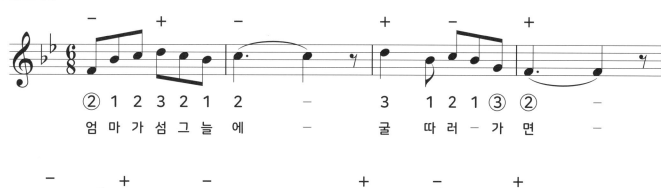

난이도 ★★★★★

우리나라의 서정적인 분위기의 창작동요입니다. 자장가를 노래하듯 가락을 부드럽게 연주하고, 하나의 활
대로 여러 음정을 내는 연습을 집중적으로 해 봅니다. 또한, 유현 4지, 4⁺지 음정의 차이를 알고 정확하게
연주합니다.

🕊 조금 느리게

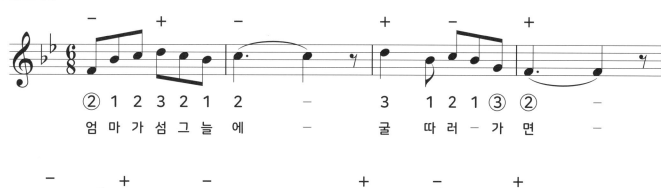

② 1 2 3 2 1 2   —   3 1 2 1 ③ ② —
엄 마 가 섬 그 늘 에   —   굴 따 러 — 가 면 —

② 1 2 3 2 1 2   —   3 1 2 ③ ④ 1 —
아 기 가 혼 자 남 아   —   집 을 보 — 다 가 —

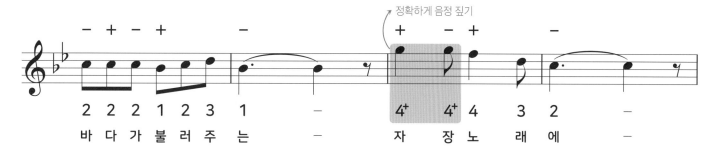

정확하게 음정 짚기

2 2 2 1 2 3 1   —   4⁺ 4⁺ 4 3 2 —
바 다 가 불 러 주 는   —   자 장 노 래 에 —

4 3 2 1 2 3 ③   —   ② 1 ④ 1 2 1 —
팔 베 고 스 르 르 르   —   잠 이 듭 — 니 다 —

어머님 은혜

연주 듣기

윤춘병 작사 · 박재훈 작곡

난이도 ★★★★★

어머님의 사랑을 표현한 동요입니다. §박자의 셈여림을 살려 리듬감 있게 연주합니다. 특히 중현 ③지, ③⁺지 음정을 정확하게 구분하여 연주하고, 부드럽게 활대를 사용하여 서정적으로 표현합니다.

🦋 보통 빠르게

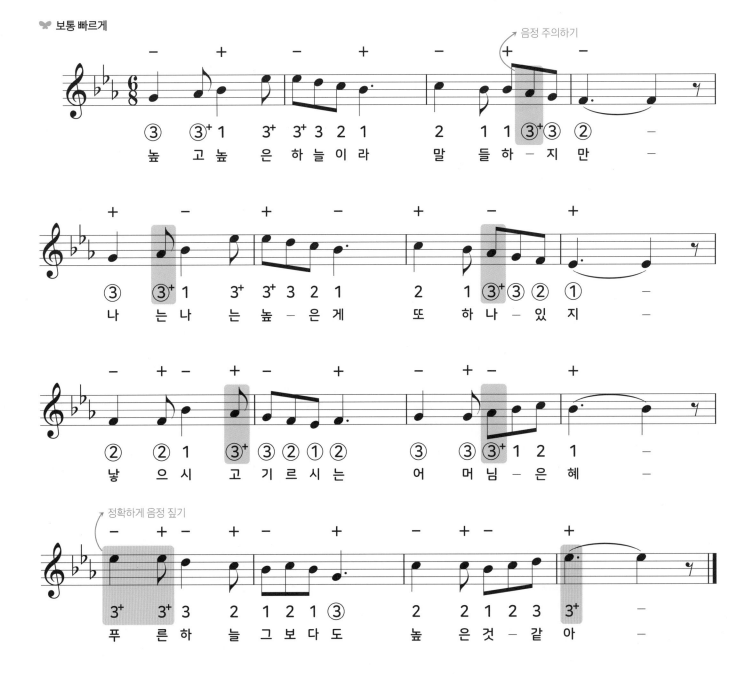

할아버지의 시계

김홍철 작사 · H. C. Work 작곡

난이도 ★★★☆☆

1876년에 미국에서 발표된 곡으로 여러 나라에서 다양한 버전으로 리메이크 되었습니다. 가락의 흐름에 맞게 유현과 중현을 번갈아 가며 부드럽게 연결하며 연주합니다.

🕊 보통 빠르게

꼭두각시

전래민요

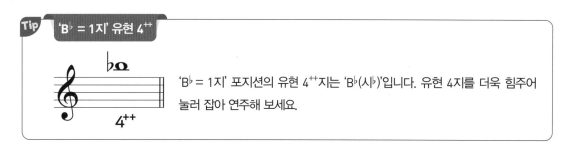

Tip   'B♭ = 1지' 유현 4⁺⁺

'B♭ = 1지' 포지션의 유현 4⁺⁺지는 'B♭(시♭)'입니다. 유현 4지를 더욱 힘주어 눌러 잡아 연주해 보세요.

🐦 자진모리장단

더욱 힘주어 음정 짚기

꼭두각시는 우리나라의 전통 인형극 놀이로, 재미있는 인형극의 모습을 표현한 전래민요입니다. 자진
모리장단의 흥겨운 리듬을 살려 활대를 짧고 가볍게 사용해 연주합니다.

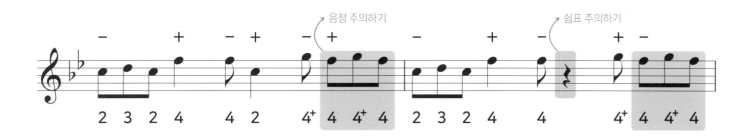

음정 주의하기 · 쉼표 주의하기

2 3 2 4　　4 2　　4⁺ 4 4⁺ 4　　2 3 2 4　　4　　4⁺ 4 4⁺ 4

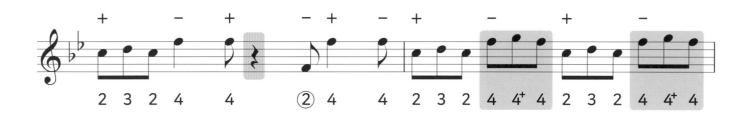

2 3 2 4　　4　　② 4　　4 2 3 2　　4 4⁺ 4　　2 3 2　　4 4⁺ 4

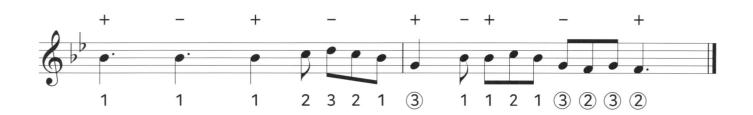

1　　1　　1　　2 3 2 1　③　1 1 2 1　③ ② ③ ②

에델바이스

O. Hammerstein · R. Rogers 작곡

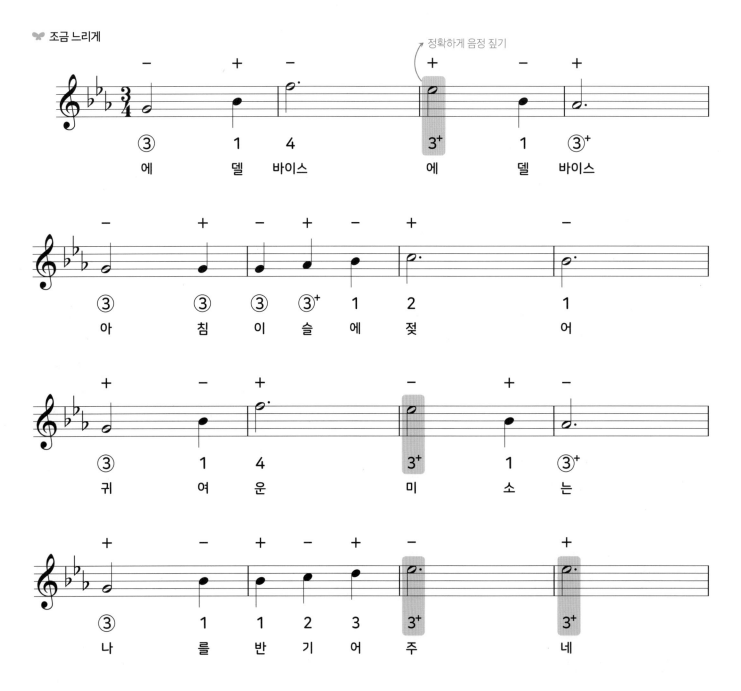

1959년에 발표한 영화 '사운드 오브 뮤직'에 사용된 노래입니다. 3박자 셈여림에 맞게 가락을 부드럽게
연결하며, 유현 3⁺지 음정을 정확하게 소리내어 연주합니다. 또한, 8분쉼표가 나오는 부분에 살짝 포인트
를 주어 리듬감 있게 연주합니다.

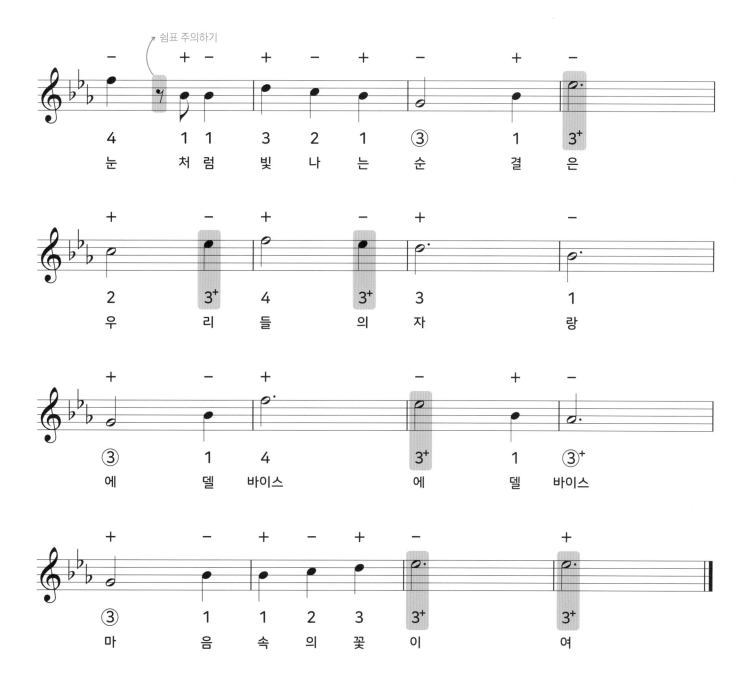

창 밖을 보라

P. Lew, T. Mitchell 작사·작곡

연주 듣기

🦋 빠르게

1 1 1 1 ③ 1 1 1 1 ③ 1 1 ③ 1 3⁺ 3
창 밖 을 보 라 창 밖 을 보 라 흰 눈 이 내 린 다

음정 주의하기

4 4 4 4 3⁺ 3 3 3 3 2 1 1 1 ③⁺ ③⁺ ③
창 밖 을 보 라 창 밖 을 보 라 찬 겨 울 이 왔 다

1 1 1 1 ③ 1 1 1 1 ③ 1 1 ③ 1 1 3⁺ 3⁺ 3
썰 매 를 타 는 어 린 애 들 은 해 가 는 줄 도 모 르 고

4 4 4 4 3⁺ 3 3 3 3 2 1 1 1 2 3 3⁺
눈 길 위 에 다 썰 매 를 깔 고 즐 겁 게 달 린 다

전 세계적으로 많이 불리는 유명한 캐럴 중 하나로, 경쾌한 당김음 리듬을 살려 신나게 표현합니다. 같은 가락이 반복되는 부분이 많으므로, 가락의 특징을 살려 재미있게 연주합니다.

한 활대로 두 개의 음 연결하기

고요한 밤 거룩한 밤

J. Mohr 작사 · F. X. Gruber 작곡

난이도 ★★★★☆

전 세계적으로 많이 불리는 유명한 캐럴 중 하나입니다. $\frac{3}{4}$박자의 서정적인 가락을 살려 부드럽게 활대를 사용하여 연주합니다. 특히, 유현 4지, 4⁺지, 4⁺⁺지 음정을 정확하게 구분하여 연습합니다.

바람이 불어오는 곳

김광석 작사·작곡

연주 듣기

난이도 ★★★★☆

남녀노소 모든 사람에게 큰 사랑을 받는 대중가요입니다. 가사의 느낌을 충분히 살려 설렘을 느낄 수 있도록 표현합니다. 당김음 리듬을 정확하게 이해하여 연주하고, 활대를 가볍게 사용해 밝은 느낌을 표현해 보세요.

개고리 개골청

남도민요

연주 듣기

난이도 ★★★★★

대표적인 남도민요로, 놀이를 하면서 부르는 노래입니다. 남도민요의 특징인 시김새(떠는소리와 꺾는소리)가 나오는데, 그중 꺾는소리 표현을 집중적으로 연습해 봅니다. 유현 2⁺지 음정에 유의하며, 앞소리를 짧게 꺾어내려 오는 시김새를 표현해 보세요.

Tip | 'B♭ = 1지' 유현 2⁺

'B♭ = 1지' 포지션의 유현 2⁺지는 'D♭(레)'입니다. 유현 2지를 힘주어 눌러 잡아 연주해 보세요.

🐸 자진모리장단

꺾는소리 표현하기

혼합 운지법 및
이중주곡 연주하기

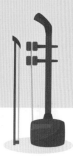

5부에서는 지금까지 익힌 해금의 운지법을

혼합한 연주곡과 이중주곡을 학습해 봅니다.

전체 악곡의 흐름 속에서 다양한 포지션을 이동하며,

정확한 음정과 리듬으로 연주해 봅시다.

상사화

안예은 작사 · 작곡

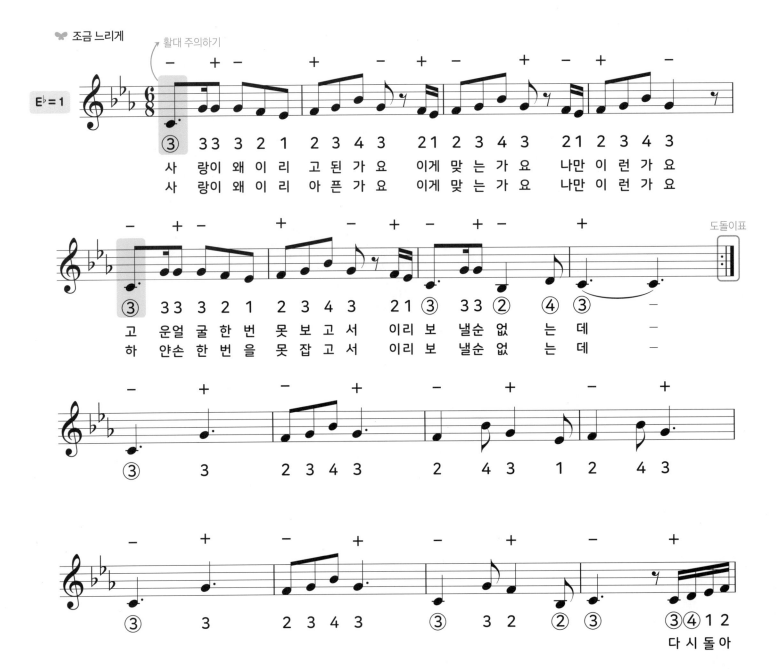

두 사람 간의 이별과 절절한 사랑을 상사화라는 꽃으로 표현한 노래입니다. TV 드라마 '역적–백성을 훔친
도적'의 O.S.T.로 사용되어 화제가 되었습니다. 반복되는 동양적인 가락의 특징을 살려 구슬프고 애절한
느낌을 살려 표현해 보세요.

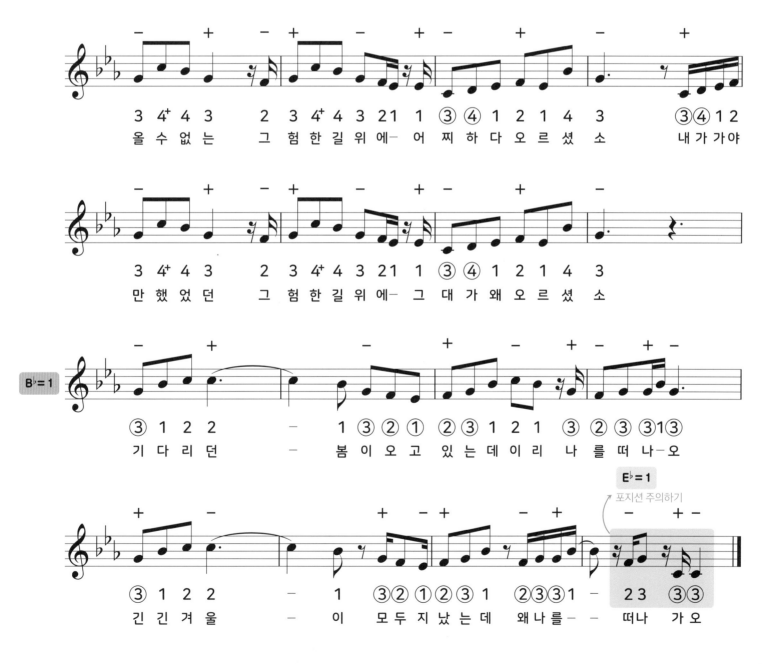

언제나 몇 번이라도
센과 치히로의 행방불명 OST

Kimura Yumi 작곡

난이도 ★★★★☆

2014년 일본 애니메이션 영화 '센과 치히로의 행방불명'의 O.S.T.로 많은 사랑을 받는 곡입니다. 잔잔하고 부드러운 가락으로 마음을 위로하는 힐링곡으로도 유명합니다. 활대를 부드럽게 이어 연주하며 차분하고 아름답게 곡을 표현해 보세요.

월량대표아적심

Sun Yi · Weng Qing Xi 작곡

연주 듣기

'월량대표아적심'은 우리말로 '달빛이 내 마음을 대신하죠'라는 뜻입니다. 1972년에 가수 '진분란'의 원곡을 1977년 '등려군'이 리메이크하여 전 세계적으로 인기를 얻은 곡입니다. 아름다운 가락의 느낌을 살려 부드럽게 연주하고, 포지션을 이동했을 때 정확한 음정이 나도록 충분히 연습해 보세요.

난이도 ★★★★

만파식적

박주만 작사 · 작곡

연주 듣기

난이도 ★★★★☆

신라시대의 신비한 만파식적 설화를 세마치장단으로 표현한 창작 국악 동요입니다. 2009년 국립국악원 창작 국악 동요 대상 수상 곡으로 초등 음악 교과서에 수록되어 많이 불리는 노래입니다. 이동하는 포지션의 정확한 음정을 익히고, 세마치장단 리듬을 살려 흥겹게 연주합니다.

❧ 세마치장단

아침 해

김진식 작사 · 김석곤 작곡

난이도 ★★★★☆

1987년 국립국악원 창작 국악 동요제에서 발표된 곡으로 초등 음악 교과서에 수록되어 단소 연주곡으로도 많이 연주되는 노래입니다. 'E♭ = 1지' 포지션에서 'B♭ = 1지' 포지션으로 이동하는 연습과 함께 굿거리 장단의 리듬을 살려 리듬감 있게 연주합니다.

이중주곡

오빠 생각

최순애 작사 · 박태준 작곡

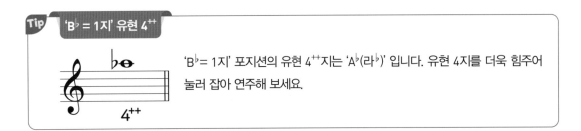

Tip 'B♭ = 1지' 유현 4⁺⁺

'B♭ = 1지' 포지션의 유현 4⁺⁺지는 'A♭(라♭)' 입니다. 유현 4지를 더욱 힘주어
눌러 잡아 연주해 보세요.

4⁺⁺

🕊 조금 느리게

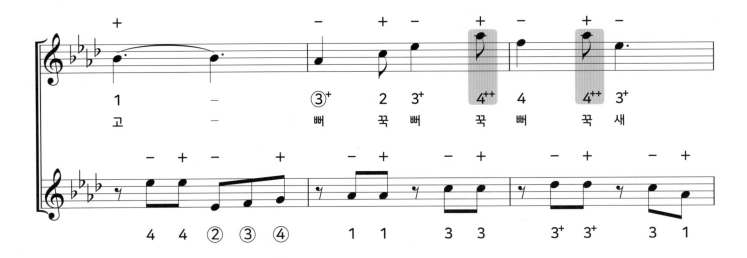

일제강점기의 오르간 연주가였던 작곡가 박태준이 1930년 최순애의 가사에 곡을 붙여 만든 우리나라의 대표적인 동요입니다. §박자 셈여림을 살려 가락을 연주하고, 반음 연습, 안줄 1지 올려잡기 등을 연습합니다.

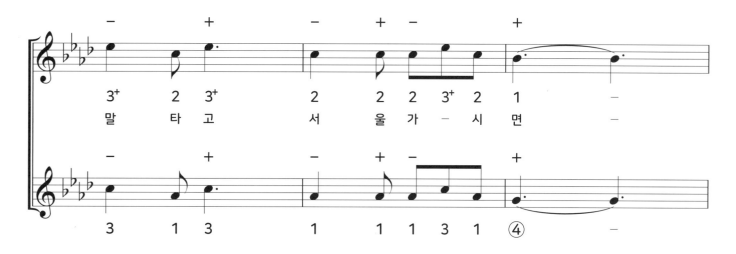

음정 주의하기

이중주곡

젓가락 행진곡

A. d. Lulli 작곡

🦋 보통 빠르게

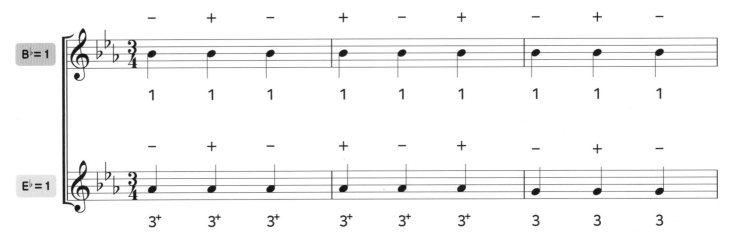

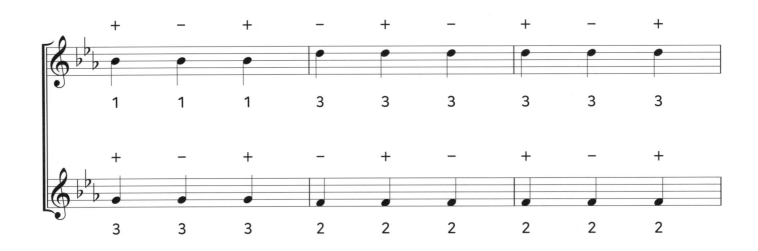

1877년, 영국의 유페미아 앨렌이 '아르투르 데 뤼리'라는 가명으로 출판한 피아노 소품곡입니다. 운지에 따른 반음을 정확하게 연습하며, 이중주의 어울림을 느껴 봅니다.

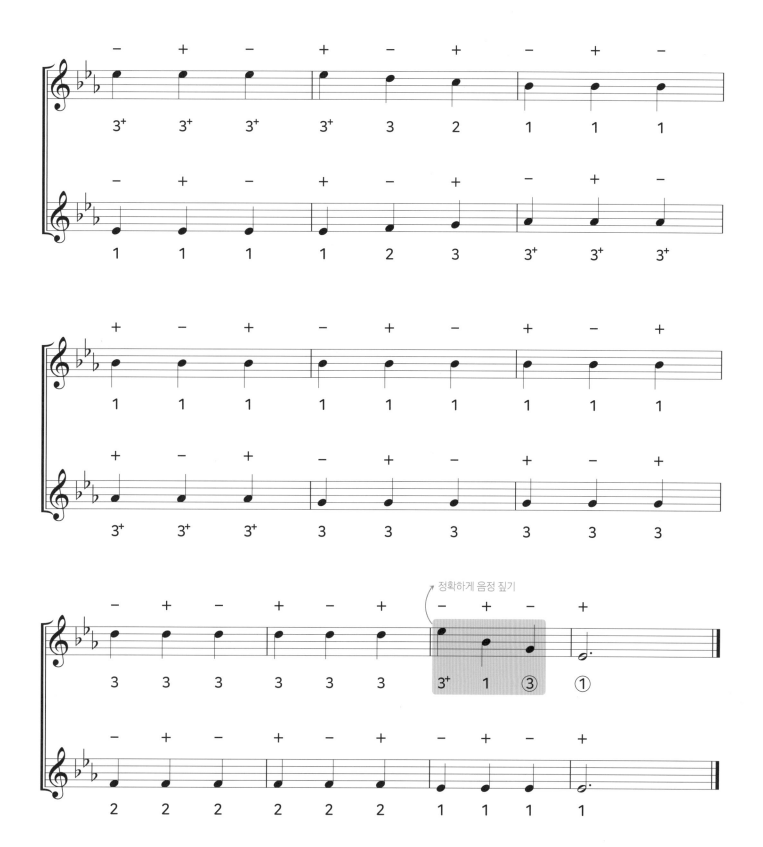

정확하게 음정 짚기

We Wish You a Merry Christmas

영국민요

연주 듣기

🕊 보통 빠르게

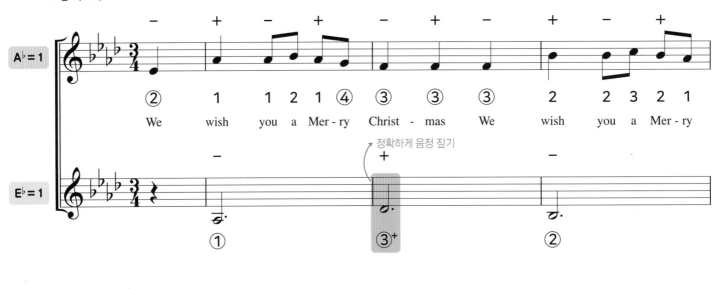

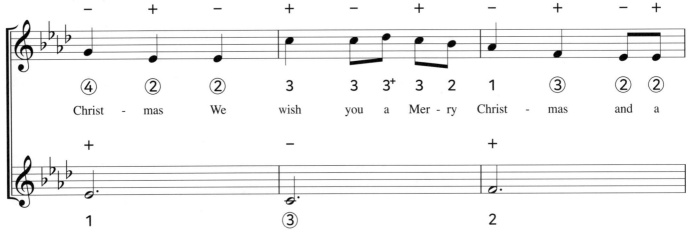

난이도 ★★★☆☆

영국 서부 지방에서 유래한 대표적인 크리스마스 캐럴로, 19세기 아서 워렐에 의해 대중화되었습니다. 차분한 분위기의 가락을 살려 부드럽게 활대를 사용하고 정확한 음정을 연주합니다.

이중주곡

겨울 나무

이원수 작사·정세문 작곡

연주 듣기

🦋 조금 느리게

힘을 빼고 음정 짚기

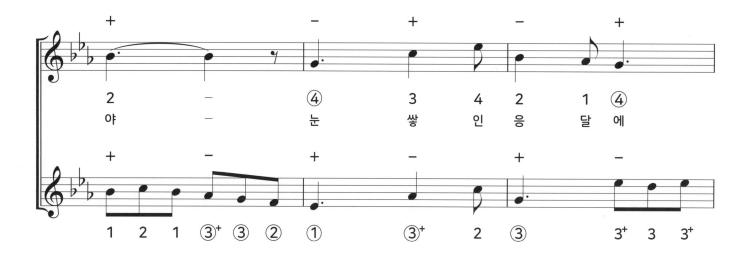

1950년대 KBS의 요청으로 이원수 선생의 시에 정세문 작곡가가 곡을 붙인 창작 동요입니다. 외롭고 쓸쓸한 분위기의 가락을 살려 정확한 음정을 연습하고, 이중주의 화음감을 느껴봅니다.

6부

도움 자료

6부에서는 국악 장단과 국악기,

여러 지방의 민요에 대해 살펴보고,

음표와 쉼표, 변화표, 반복 기호를 구체적으로 알아 봅시다.

국악 장단

장단 부호 및 연주법

부호	명칭	구음	서양음표	손	연주법
⏀	합장단(쌍)	덩		양손	북편과 채편을 동시에 칩니다.
○	북편(고)	쿵		왼손	왼손으로 북편을 칩니다.
|	채편(편)	덕		오른손	채로 채편을 칩니다.
⋮	채굴림(요)	더러러러		오른손	채를 굴립니다.
¡	겹채	기덕		오른손	채편을 겹쳐서 칩니다.
·	채찍기	더		오른손	채편을 살짝 찍습니다.

주요 장단

세마치장단	구음 덩　　덩　덕 쿵 덕　부호 ⏀　⏀　| ○ |
굿거리장단	구음 덩 기덕 쿵 더러러러 쿵 기덕 쿵 더러러러　부호 ⏀ ¡ ○ ⋮ ○ ¡ ○ ⋮
자진모리장단	구음 덩 쿵 쿵 덕 쿵　부호 ⏀ ○ ○ | ○
중모리장단	구음 덩 덕 쿵 덕 덕덕 덕 쿵 쿵 덕 쿵 덕 덕덕 덕　부호 ⏀ | ○ | ||| ○ ○ | ○ | |||
휘모리장단	구음 덩 덕 덕 쿵 덕 쿵　부호 ⏀ | | ○ | ○

여러 종류의 국악기

구분	악기 특성	악기의 예
관악기	횡적	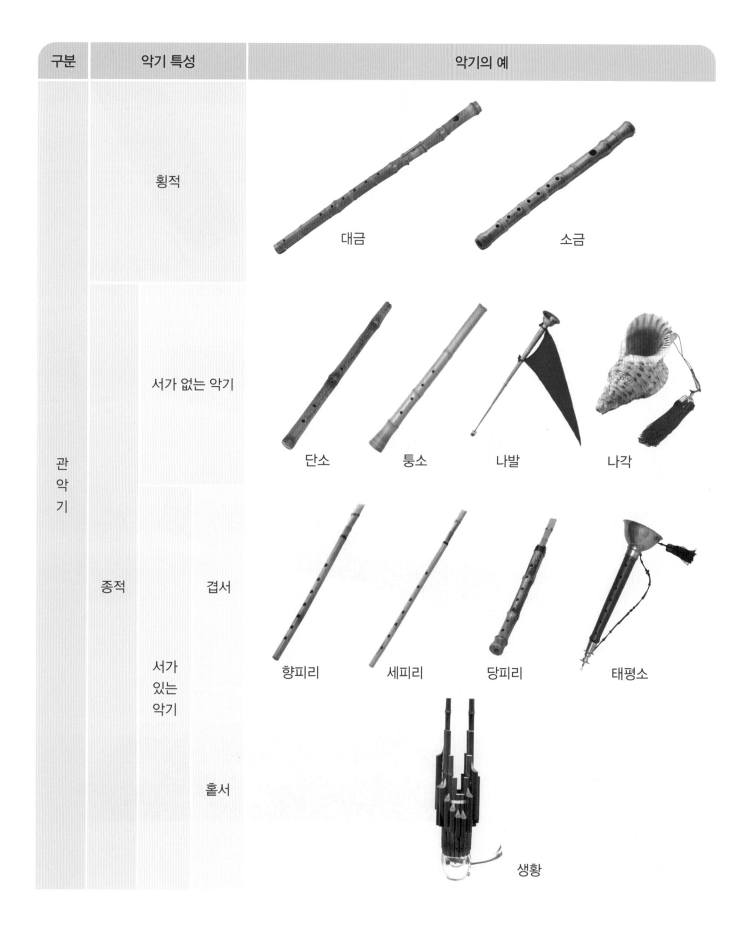대금　소금
	서가 없는 악기	단소　퉁소　나발　나각
종적	겹서	향피리　세피리　당피리　태평소
	서가 있는 악기	
	홑서	생황

구분	악기 특성	악기의 예
현악기	찰현악기	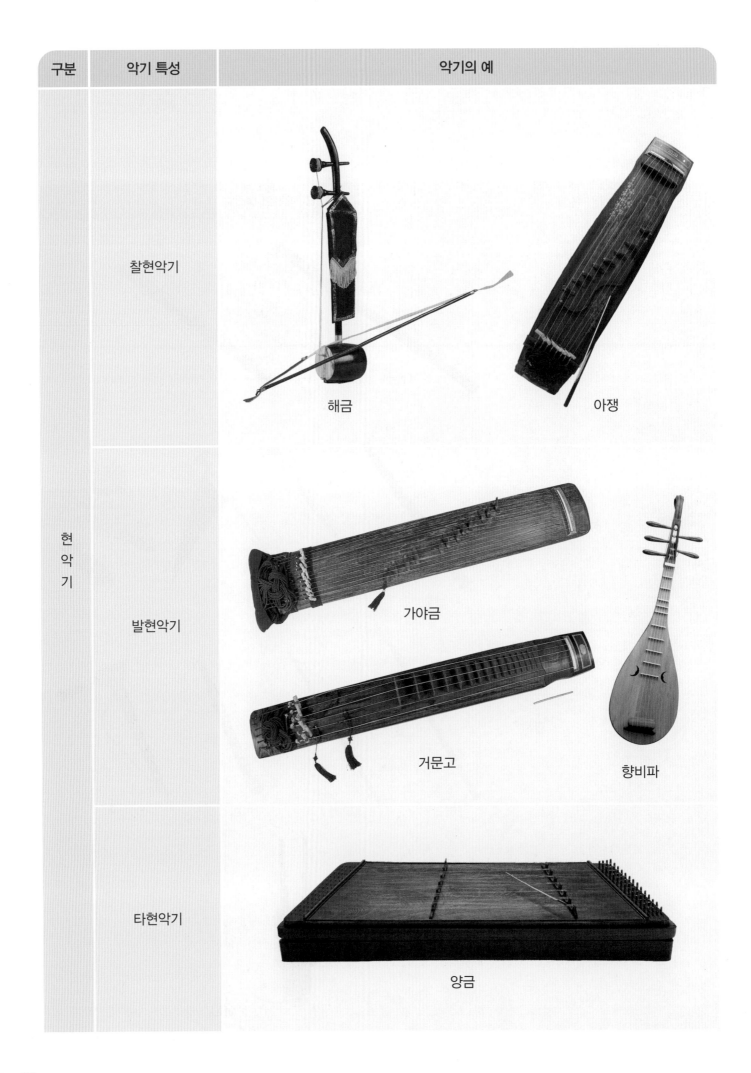해금　　　　　아쟁
	발현악기	가야금　거문고　향비파
	타현악기	양금

구분	악기 특성	악기의 예		
타악기	유율악기	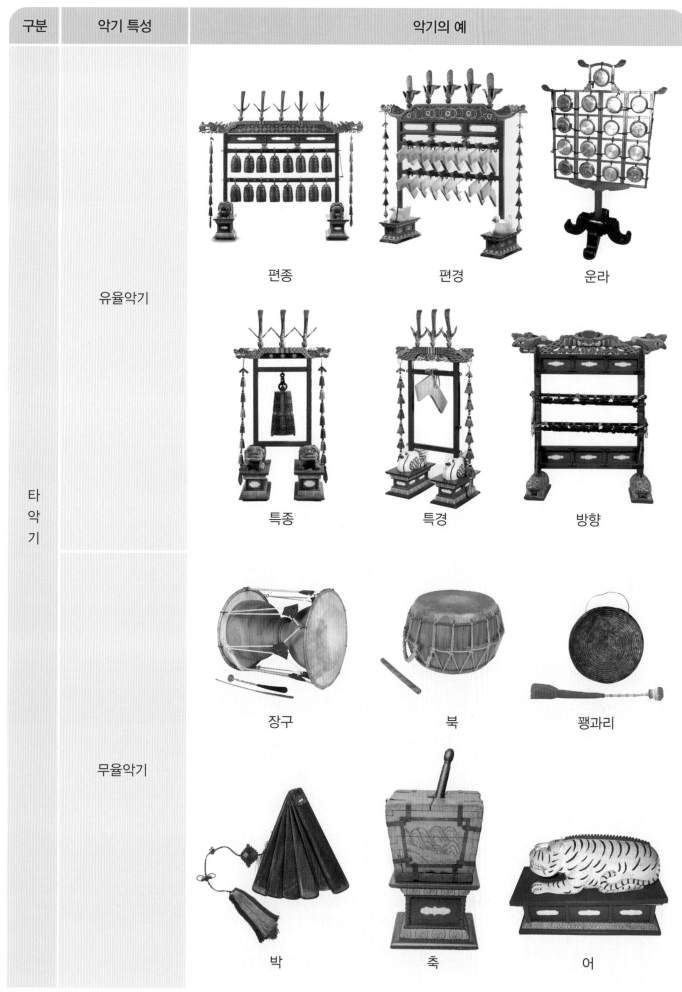 편종	편경	운라
		특종	특경	방향
	무율악기	장구	북	꽹과리
		박	축	어

이미지 출처 **국립국악원**

우리나라 여러 지방의 민요

우리나라 민요는 각 지역의 풍토와 생활 등이 자연스럽게 표현되어 발전된 것이 특징입니다. 지방마다 방언이 있듯이 민요 또한 지방마다 가락의 구성, 창법, 시김새 등이 각기 다릅니다. 지리적 특성과 생활 풍습의 차이에 따라, 이를 다섯 곳으로 구분하여 '5도 민요'라고 부릅니다.

구분	특징	대표곡
서도민요 (평안도, 황해도)	잘게 떠는 음이 많이 나오고 콧소리가 나고 분위기가 애수적입니다.	싸름, 수심가, 금다래꿍, 배따라기 등
경기민요 (서울, 경기도, 충청도)	맑고 깨끗하고 경쾌하며 가락이 부드럽습니다.	아리랑, 늴리리야, 풍년가, 도라지타령 등
동부민요 (함경도, 강원도, 경상도)	억양이 강하고 흥겹고 빠르며 경쾌합니다.	밀양아리랑, 쾌지나칭칭나네, 한오백년 등
남도민요 (전라도 중심)	굴곡이 심하고 굵은 소리를 많이 사용하여 떠는 소리, 꺾는소리 등의 표현을 합니다.	강강술래, 진도아리랑, 농부가 등
제주민요 (제주도)	제주도의 독특한 억양에 의해 가락이 진행됩니다.	이어도사나, 오돌또기, 너영나영 등

음표와 쉼표

음표

온음표	o							
2분음표		♩				♩		
4분음표	♩		♩		♩		♩	
8분음표	♪	♪	♪	♪	♪	♪	♪	♪
16분음표	♬ ♬	♬ ♬	♬ ♬	♬ ♬	♬ ♬	♬ ♬	♬ ♬	♬ ♬

쉼표

온쉼표	▬							
2분쉼표		▬				▬		
4분쉼표	𝄽		𝄽		𝄽		𝄽	
8분쉼표	𝄾	𝄾	𝄾	𝄾	𝄾	𝄾	𝄾	𝄾
16분쉼표	𝄿 𝄿	𝄿 𝄿	𝄿 𝄿	𝄿 𝄿	𝄿 𝄿	𝄿 𝄿	𝄿 𝄿	𝄿 𝄿

잇단음표

온음표	o	=	♩ ♩ ♩ (3)	=	♩ ♩ ♩ ♩ ♩ ♩ (6)
2분음표	♩	=	♩ ♩ ♩ (3)	=	♬ ♬ ♬ (6)
4분음표	♩	=	♪ ♪ ♪ (3)	=	♬ ♬ ♬ (6)

변화표

변화표의 종류

기호	♯	♭	♮
이름	올림표 (sharp, 샤프)	내림표 (flat, 플랫)	제자리표 (natural, 내추럴)
뜻	원음을 반음 올립니다.	원음을 반음 내립니다.	본래 음으로 되돌립니다.

변화표의 쓰임

조표

악곡 전체의 조성을 알려주기 위해 음자리표와 박자표 사이에 표기합니다. 악곡이 끝날 때까지 동일한 음높이와 음이름을 가진 모든 음에 변화를 줍니다.

임시표

곡의 진행 중 특정 음에 변화를 주기 위해 음표 앞에 표기합니다. 임시표는 같은 마디 내에서 같은 높이의 음에만 변화를 주며, 마디가 바뀌면 효력이 없어지게 됩니다.

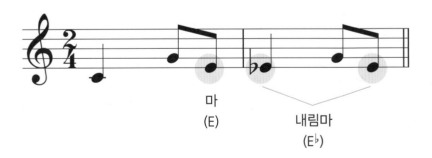

여러 가지 반복 기호

도돌이표 1

처음으로 돌아가 한 번 더 연주합니다.

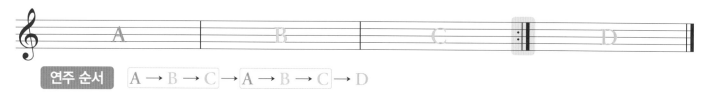

연주 순서 A → B → C → A → B → C → D

마주보는 부분을 한 번 더 연주합니다.

연주 순서 A → B → C → C → D

도돌이표 2

처음에는 ⌐1.   ⌐까지 연주하고, 다시 처음으로 돌아가서 반복할 때는 ⌐1.   ⌐을 건너뛰고 ⌐2.   ⌐을 연주합니다.

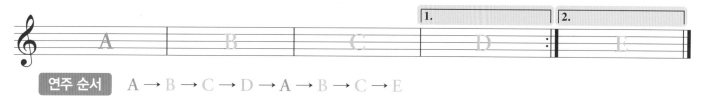

연주 순서 A → B → C → D → A → B → C → E

다 카포(*Da Capo* = *D.C.*), 피네(*Fine*)

악절의 끝에 *D.C.*가 있으면 처음으로 돌아가라는 뜻입니다.

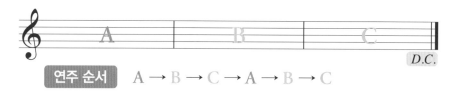

연주 순서 A → B → C → A → B → C

다 카포 알 피네(***Da Capo al Fine***)는 처음으로 돌아가 *Fine*에서 끝내라는 뜻입니다.

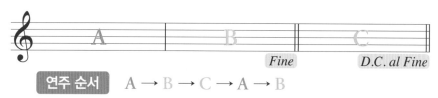

연주 순서 A → B → C → A → B

김영미

- 중앙대학교 음악대학 한국음악과 졸업
- 동국대학교 문화예술대학원 음악학석사 졸업
- 중요무형문화재 제1호 종묘제례악 이수자
- 2008 남산국악당 '해금 뉴프론티어' 김영미 독주회
- 제33회 전국난계국악경연대회 대상(대통령상) 수상
- 문체부 장관상 및 국립극장 우수예술가상 수상
- 추계예술대, 국립전통예술고, 국립극장 예술학교 강사 역임
- 국립국악관현악단 단원

박주만

- 중앙대학교 교육대학원 음악교육학석사 졸업
- 단국대학교 일반대학원 교육학박사 졸업
- 2007, 2009, 2022 개정교육과정 음악 교과서 집필진
- 2015 개정교육과정 국정 통합교과서 심의진
- 국립국악원 우수국악교육연구 공모제 대상
- 2011 전국평화통일창작동요제 대상(대통령상) 수상
- 경인교대, 춘천교대, 공주교대, 서일대, 용인대 강사 역임
- 부산교대 강사, 경기도교육청 소속 초등학교 교사

우미경

- 청주대학교 예술대학 한국음악과 졸업
- 단국대학교 일반대학원 국악학석사 수료
- 중요무형문화재 제1호 종묘제례악 이수자
- 충청북도 교육문화원 청소년국악관현악단 강사 역임
- 국악관현악단 더불어숲 해금 연주단원
- 예오름국악앙상블 해금 연주단원
- 서울시교육청 초등예술하나 강사
- 한국문화예술교육진흥원 국악분야 예술강사

두근두근 해금

편저 김영미, 박주만, 우미경

발행인 정의선
총괄이사 사공성
이사 전수현
편집 서보람, 양혜영, 이설
미술 임현아, 김숙희
기획마케팅실 김상권, 장기석, 성스레
제작 박장혁, 전우석

인쇄일 2025년 4월 15일

발행처 ㈜북커스
출판등록 제406-2019-000124호
주소 경기도 파주시 Bookcity 165 ⊕10881
전화 영업 031-955-1486 편집 031-955-6996
팩스 영업 031-955-6988
홈페이지 www.eumse.com

ISBN 979-11-6680-125-9-13670

E♭ 포지션

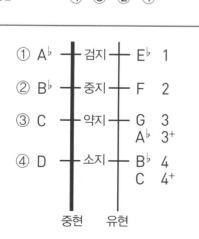

유현 1 2 3 3⁺ 4 4⁺
중현 ④ ③ ② ①

① A♭	— 검지 —	E♭ 1
② B♭	— 중지 —	F 2
③ C	— 약지 —	G 3
		A♭ 3⁺
④ D	— 소지 —	B♭ 4
		C 4⁺

중현 유현

A♭ 포지션

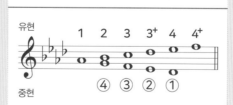

유현 1 2 3 3⁺ 4 4⁺
중현 ④ ③ ② ①

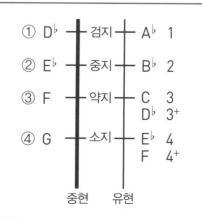

① D♭	— 검지 —	A♭ 1
② E♭	— 중지 —	B♭ 2
③ F	— 약지 —	C 3
		D♭ 3⁺
④ G	— 소지 —	E♭ 4
		F 4⁺

중현 유현

B♭ 포지션

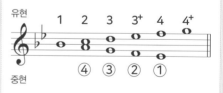

유현 1 2 3 3⁺ 4 4⁺
중현 ④ ③ ② ①

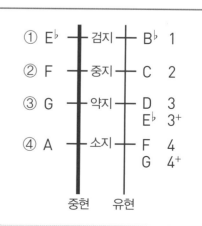

① E♭	— 검지 —	B♭ 1
② F	— 중지 —	C 2
③ G	— 약지 —	D 3
		E♭ 3⁺
④ A	— 소지 —	F 4
		G 4⁺

중현 유현